Gustave Flaubert

DICIONÁRIO DAS IDEIAS PRONTAS

Tradução e notas:

Regina Schöpke e Mauro Baladi

Edições Guinefort

2018

Texto-base: *Le dictionnaire des idées reçues*

Oeuvres complètes de Gustave Flaubert (volume 1)

Paris: Louis Conard, Libraire-Éditeur, 1910

Tradução: Regina Schöpke e Mauro Baladi

Revisão: Regina Schöpke

© Edições Guinefort, 2018

edicoesguinefort@gmail.com

Vox populi, vox Dei

Sabedoria das nações

É quase certo que toda ideia
pública, toda convenção aceita, é
uma tolice, porque ela conveio à
maioria.

Chamfort, *Máximas*

O CATÁLOGO DAS OPINIÕES CHIQUES

ABELARDO: Inútil ter a menor ideia da sua filosofia, ou mesmo conhecer os títulos de suas obras. – Fazer uma alusão discreta à mutilação efetuada nele por Fulberto. – Túmulo de Heloísa e de Abelardo; se vos provam que ele é falso, exclamar: "Vós roubais as minhas ilusões".

ABRICÓS: Ainda não os teremos este ano.

ABSINTO: Veneno extra violento. – Matou mais soldados que os beduínos.

ACADEMIA FRANCESA: Denegri-la, mas tratar de fazer parte dela, se possível.

AÇOUGUEIROS: São terríveis em tempos de revolução.

ADMINISTRAÇÃO DOMÉSTICA: Falar sempre disso com respeito.

ADVOGADOS: Muitos advogados na Câmara. – Têm o juízo falseado. – Dizer de um advogado que fala mal: "Sim, mas ele é bom em direito".

AFRESCO: Não são mais feitos.

AGRICULTURA: Carece de braços.

ÁGUA: A água de Paris dá cólicas. A água do mar dá sustentação para nadar. A água de colônia cheira bem.

ALABASTRO: Serve para descrever as mais belas partes do corpo da mulher.

ÁLBUM: Deve se achar sobre a mesa de um salão.

ALCOOLISMO: Causa de todas as doenças modernas.

ALDEOLA: Substantivo comovente. – Faz bem na poesia.

ALEMÃES: Povo de sonhadores (*antigo*).

ALFÂNDEGA: Devemos nos revoltar contra ela, e fraudá-la.

ALGARAVIA: Maneira de falar dos estrangeiros. – Sempre rir do estrangeiro que fala mal o francês.

ALGODÃO: É útil sobretudo para os ouvidos. – Uma das bases da sociedade no Sena Inferior[1].

ALIMENTAÇÃO: Sempre saudável e abundante nos colégios.

ALMOÇO DE RAPAZES SOLTEIROS: Exige ostras, vinho branco e pilhérias.

AMÉRICA: Belo exemplo de injustiça: foi Colombo quem a descobriu e ela recebeu seu nome de Américo Vespúcio. – Fazer uma tirada sobre o *self-government*.

ANCIÃO: A propósito de uma inundação, de uma tempestade, etc., os anciãos da região não se recordam jamais de terem visto uma semelhante.

ANJO: Fica bem no amor e na literatura.

----

[1] Departamento francês, no qual haviam fábricas de tecidos de algodão.

ANTIGUIDADE: E tudo aquilo que se relaciona com ela: banal, enfadonho.

ANTIGUIDADES (AS): São sempre de fabricação moderna.

APARADOR: Indispensável na casa de uma mulher bonita.

APARTAMENTO DE SOLTEIRO: Sempre em desordem. Com coisinhas de mulher surgindo aqui e ali. Cheiro de cigarro. Nele se deve encontrar coisas extraordinárias.

AR: Sempre desconfiar das correntes de ar. Invariavelmente, o ar está em contradição com a temperatura: se ela é quente, ele é frio, e vice-versa.

ARENQUE: Fortuna da Holanda.

ARQUIMEDES: Dizer, ao ouvir o seu nome: "Eureca". – "Dai-me um ponto de apoio e eu levantarei o mundo." – Existe também o parafuso de Arquimedes, mas não se é obrigado a saber em que ele consiste.

ARQUITETOS: Todos imbecis. – Se esquecem sempre da escadaria das casas.

ARQUITETURA: Existem apenas quatro ordens de arquitetura – evidentemente, se não contarmos a egípcia, a ciclópica, a assíria, a indiana, a chinesa, a gótica, a românica, etc.

ARSÊNICO: Se encontra por toda parte. Lembrar madame Lafarge[2]. – No entanto, existem alguns povos que o comem.

ARTES[3]: São bem inúteis, visto que são substituídas por algumas máquinas que fabricam a mesma coisa com mais rapidez.

ARTISTAS: Todos farsantes. – Louvar seu desprendimento (*antigo*). – Espantar-se de que eles estejam vestidos como todo mundo (*antigo*). – Ganham somas excessivas, mas as atiram pelas janelas. – Quase sempre convidados para jantar na cidade. – A mulher artista

---

[2] Marie Lafarge, acusada de envenenar seu marido, foi julgada em 1840, em um processo que causou muita sensação.
[3] Entendam por isso as artes manuais, o artesanato.

não pode deixar de ser uma ordinária.

ÁSPIDE: Animal conhecido pelo cesto de figos de Cleópatra.

ASTRONOMIA: Bela ciência. – Não é útil senão para a marinha. – E, a propósito disso, rir da astrologia.

ATEU: Um povo de ateus não poderia subsistir.

ATRIZES: A perdição dos moços de família. – São de uma espantosa lubricidade, entregando-se a orgias, devoram milhões (terminam no hospício). – Perdão! Existem algumas que são boas mães de família!

AUTOR: Devemos "conhecer alguns autores"; inútil saber os seus nomes.

AVESTRUZ: Digere as pedras.

AZEITE DE OLIVA: Nunca é bom. – É preciso ter um amigo em Marselha, que vos mande um pequeno tonel.

BACHARELADO: Criticar violentamente.

BAÇO: Antigamente ele era extraído dos corredores.

BAGNOLET: Terra célebre pelos seus cegos[4].

BAILADEIRAS: Todas as mulheres do Oriente são bailadeiras. – Essa palavra arrasta a imaginação para muito longe.

BALA DE CANHÃO: A ar deslocado pela bala de canhão faz ficar cego[5].

BALÕES: Com os balões, terminaremos por chegar na lua. – Não se está perto de dirigi-los.

BANDEIRA (NACIONAL): Sua visão faz bater o coração.

BANDOLIM: Indispensável para seduzir as espanholas.

BANQUEIROS: Todos ricos, árabes, lobos famintos.

---

[4] Referência à canção *O cego de Bagnolet*, composta pelo poeta Pierre-Jean de Béranger.
[5] Em outras versões consta "asfixia".

BANQUETE: A mais franca cordialidade não cessa de reinar nele. – Levamos dele as melhores lembranças, e nunca nos separamos sem ter deixado de marcar outro encontro para o próximo ano. – Um galhofeiro deve dizer: "No banquete da vida, desafortunado conviva..."[6], etc.

BANQUETES DA REGÊNCIA[7]: Neles se despendia ainda mais espírito que champanha.

BARBA: Signo de força. – Muita barba faz cair os cabelos. – Útil para proteger as gravatas.

BARRETE GREGO: Indispensável ao homem de gabinete. – Confere majestade ao rosto.

BASCOS: O povo que melhor corre.

BASES: As da sociedade são: a propriedade, a família, a religião e o respeito pelas autoridades. – Falar delas com cólera, se as atacar.

---

[6] Verso do poeta Nicolas Gilbert.
[7] Nome dado ao período compreendido entre a morte de Luís XIV e a maioridade de Luís XV (1715-1723), quando a França foi governada por Felipe de Orleans.

BASÍLICA: Sinônimo pomposo de igreja. É sempre imponente.

BESOUROS: Bom tema para um opúsculo. – Sua destruição radical é o sonho de todo prefeito.

BEXIGOSO: As mulheres bexigosas são todas lascivas.

BÍBLIA: O mais antigo livro do mundo.

BIBLIOTECA: Sempre ter uma em sua casa, principalmente quando se mora no campo.

BIGODES: Conferem um ar marcial.

BILHAR: Jogo nobre. – Indispensável no campo.

BOCEJO: É preciso dizer: "Desculpe-me, isso não vem do tédio, mas do estômago."

BOLSA (A): Termômetro da opinião pública.

BOMBARDEIO: Muda o tempo.

BOSQUES: Os bosques fazem sonhar. – São apropriados para compor versos. – No outono, quando passeamos, devemos dizer: "Com os despojos de nossos bosques..."[8], etc.

BRAÇO: Para governar a França, é preciso um braço de ferro.

BRANCAS: Mais ardentes que as negras (cf. *Negras*).

BRETÕES: Todos bravos, mas teimosos.

BRINQUEDOS: Deveriam ser todos educativos.

BRONZE: Metal da Antiguidade.

BUDISMO: "Falsa religião da Índia" (definição do *Dicionário Bouillet,* 1ª edição).

BUFFON[9]: Cobria as mangas da camisa para escrever.

CAÇA: Excelente exercício que se deve fingir adorar. –

---

[8] Verso da *Fedra*, de Racine.
[9] Conde de Buffon (1707-1788), um dos mais célebres naturalistas franceses.

Faz parte da pompa dos soberanos. – Tema de delírio para a magistratura.

CAÇADORES CLANDESTINOS: São todos presidiários libertos. – Autores de todos os crimes cometidos nos campos. – Devem despertar uma cólera frenética: "Nada de piedade, cavalheiro, nada de piedade!"

CACHIMBO: Nunca é de bom-tom, a não ser nos banhos de mar.

CADAFALSO: Programar-se para, quando subir nele, pronunciar algumas palavras eloquentes antes de morrer.

CAFÉ: Confere espírito. – Só é bom quando vem do Havre. – Em um grande jantar, deve-se tomá-lo de pé. – Bebê-lo sem açúcar é muito chique, dá a impressão de ter vivido no Oriente.

CAIAÇÃO (NAS IGREJAS): Atacar violentamente. Esta cólera artística assenta muito bem.

CAIXA ECONÔMICA: Oportunidade de roubo para os criados[10].

CAIXAS-FORTES: Suas combinações são muito fáceis de descobrir.

CALO (NOS PÉS): Indica a mudança de tempo melhor que um barômetro. – Muito perigoso quando é mal cortado; citar alguns exemplos de acidentes terríveis.

CALOR: Sempre insuportável. – Não beber quando faz calor.

CALVÍCIE: Sempre precoce, e causada por alguns excessos da juventude, ou pela concepção de grandes pensamentos.

CAMAREIRAS: Mais bonitas que suas patroas. – Conhecem todos os seus segredos e os traem. – Sempre desonradas pelo filho dos patrões.

---

[10] Flaubert se refere ao preconceito de que o surgimento de instituições de poupança destinadas a pessoas de baixa renda, no século XIX, estimularia os roubos domésticos, já que os criados desonestos teriam um lugar seguro para guardar o produto de seus golpes.

CÂMBIO LIVRE: Causa de todos os males do comércio.

CAMELO: Tem duas corcovas, e o dromedário uma só. – Ou, então, o camelo tem uma corcova e o dromedário duas: não se sabe com certeza (a gente se confunde com isso).

CAMPANÁRIO (DE ALDEIA): Faz bater o coração.

CAMPO: As pessoas do campo são melhores que as das cidades; invejar sua sorte. – No campo tudo é permitido: andar em roupas de baixo, fazer graçolas, etc.

CANÇÕES: O cantor de canções agrada as damas.

CANHOTOS: Terríveis na esgrima. – Mais destros que aqueles que se servem da mão direita.

CANIVETE: Quando se vê uma nuvem ameaçadora, não deixar de dizer: "Vai chover canivetes!". – Na Suíça, todos os homens usam canivetes.

CÃO: Criado especialmente para salvar a vida de seu

dono. O cão é o amigo ideal do homem porque ele é seu escravo devotado.

CARABINEIROS: Dormem perto dos cadáveres. – Existem alguns que os comem.

CARANGUEJO: Anda para trás. – Sempre chamar os reacionários de caranguejos.

CARGO: Sempre solicitar um.

CARNE DE CAÇA: Só é boa quando está começando a se decompor.

CARRUAGENS: É mais cômodo alugar do que possuir uma: dessa maneira, não se tem a balbúrdia dos criados nem dos cavalos, que estão sempre doentes.

CARTUCHEIRA: Estojo para o bastão de marechal de França.

CARTUXOS (FRADES): Passam seu tempo fazendo retiro, cavando a sua cova e dizendo: "Irmão, é preciso morrer."

CASACO DE PELES: Sinal de riqueza.

CASTANHA: Mulher do castanho.

CATAPLASMA: Deve sempre ser colocado enquanto se espera a chegada do médico.

CATOLICISMO: Teve uma influência muito favorável sobre as artes.

CAVALARIA: Mais nobre que a infantaria.

CAVALO: Se ele conhecesse a sua força, não se deixaria conduzir. – Carne de cavalo: belo tema de brochura para um homem que deseja parecer uma pessoa séria. – Cavalo de corrida: desprezá-lo. Ele serve para quê?

CAVERNAS: Habitação ordinária dos ladrões. – Estão sempre repletas de serpentes.

CEDRO: O do nosso Jardim Botânico foi trazido em um chapéu.

CELEBRIDADE: As celebridades: preocupar-se com os menores detalhes da sua vida privada, a fim de poder denegri-las.

CELIBATÁRIOS: Todos egoístas e devassos. – Deveriam pagar um imposto. – Preparam para si uma triste velhice.

CENÁRIO DE TEATRO: Não é pintura: basta atirar de qualquer jeito sobre a tela um balde de tinta; depois, se espalha a tinta com uma vassoura; e o distanciamento junto com a luz produzem a ilusão.

CENSURA: Útil! digam o que disserem...

CERTIDÃO: Garantia para as famílias e para os pais. – É sempre favorável.

CERUME: "Cera humana". – Evitar removê-la, porque ela impede que os insetos entrem nos ouvidos.

CHAMINÉ: Está sempre soltando fumaça. – Tema de discussão a propósito do aquecimento.

CHAMPANHE: Caracteriza o jantar de cerimônia. – Dar a impressão de detestá-lo dizendo que "não é um vinho". – Provoca o entusiasmo na gentinha. – A Rússia o consome mais que a França. – Foi através dele que as ideias francesas se espalharam pela Europa. – Sob a Regência, não se fazia outra coisa a não ser bebê-lo. – Mas ele não é bebido, é "tragado".

CHAPÉU: Protestar contra o formato deles.

CHARUTOS: Os da *Régie*[11], "todos infectos!". – Os únicos que são bons chegam por contrabando.

CHATEAUBRIAND[12]: Conhecido sobretudo pelo filé que leva o seu nome.

CHOURIÇO: Sinal de alegria nas casas. – Indispensável na noite de Natal.

CHULÉ: Sinal de saúde.

CIÊNCIA: Um pouco de ciência afasta da religião e muita reconduz a ela.

---

[11] Régie Française des Tabacs, indústria francesa de fumo.
[12] François René de Chateaubriand (1768-1848), escritor e político francês.

CIPRESTE: Cresce apenas nos cemitérios.

CÍRCULO: Sempre devemos fazer parte de um.

CIRURGIÕES: Têm o coração duro: chamá-los de açougueiros.

CISNE: Canta antes de morrer. – Com sua asa pode partir o fêmur de um homem. – O cisne de Cambrai não era uma ave, mas um homem chamado Fénelon. – O cisne de Mântua é Virgílio. – O cisne de Pesaro é Rossini.

CIÚME: Paixão terrível.

CLARO-ESCURO: Não sabemos o que seja.

CLÁSSICOS (OS): Supostamente os conhecemos.

CLUBE: Assunto de exasperação para os conservadores. – Embaraço e discussão acerca da pronúncia dessa palavra.

COGUMELOS: Comer apenas aqueles que vêm do mercado.

COITO, CÓPULA: Palavras a serem evitadas. – Dizer: "Eles mantinham relações...".

COLCHÃO: Quanto mais duro, mais higiênico.

COLÉGIO (LICEU): Mais nobre que uma pensão.

CÓLERA: O melão dá o cólera. – A gente se cura dele tomando muito chá com rum.

COLONIAL[13] (O): Vive deitado em uma rede.

COLÔNIAS (NOSSAS): Entristecer-se quando se fala delas.

COMÉDIA: Em versos, não convém mais à nossa época. – Devemos, no entanto, respeitar a alta comédia.

COMÉRCIO: Discutir para saber qual é o mais nobre: o comércio ou a indústria.

COMETAS: Rir das pessoas que tinham medo deles.

---

[13] Ou seja, o descendente de franceses que vivia nas colônias daquele país.

COMUNHÃO: A primeira comunhão: o mais belo dia da vida.

CONCESSÕES: Jamais fazê-las. – Elas causaram a perda de Luís XVI.

CONCUPISCÊNCIA: Palavra dos padres para exprimir os desejos carnais.

CONDECORAÇÃO (DA LEGIÃO DE HONRA): Zombar dela, mas cobiçá-la. – Quando a obtemos, sempre dizer que não a pedimos.

CONFORTÁVEL: Preciosa descoberta moderna.

CONHAQUE: Muito funesto. – Excelente em diversas doenças. – Um bom copo de conhaque nunca faz mal. – Tomado em jejum, mata os vermes da barriga.

CONSERVATÓRIO: É indispensável fazer uma assinatura do Conservatório.[14]

---

[14] Ou seja, adquirir um pacote de entradas antecipadas para os concertos promovidos pelo Conservatório de Paris.

CONSTIPAÇÃO: Todos os homens de letras são constipados. – Influi sobre as convicções políticas.

CONTORNO: Dizer diante de toda a estátua que se examina: "Isso não carece de contornos harmoniosos".

CONVERSAÇÃO: A política e a religião devem ser excluídas dela.

COPAÍBA: Fingir ignorar o seu uso[15].

CORÃO: Livro de Maomé, no qual só se trata de mulheres.

CORCUNDAS: Têm muito espírito. – São muito procurados pelas mulheres lascivas.

CORDA: Não se conhece a força de uma corda. – É mais sólida que o ferro.

CORNO: Toda mulher deve fazer de seu marido um corno.

---

[15] O óleo de copaíba era bastante utilizado no tratamento da gonorreia.

CORPO: Se nós soubéssemos como o nosso corpo é feito, não ousaríamos fazer um movimento.

CORRETORES DA BOLSA: Todos ladrões.

CORTESÃ: É um mal necessário. – Salvaguarda de nossas filhas e de nossas irmãs (enquanto houver celibatários). – Ou então: Deveriam ser expulsas impiedosamente. – Não é mais possível sair com a sua mulher por causa da presença delas nos bulevares. – São sempre moças do povo corrompidas por burgueses ricos.

COSSACOS: Comem sebo de vela.

COSTAS: Um tapa nas costas pode tornar tuberculoso.

COZIDO (O): Faz bem para a saúde. – Inseparável da palavra sopa: a sopa e o cozido.

COZINHA: De restaurante: sempre escaldante. – Burguesa: sempre sadia. – Do Oriente: muito condimentada ou muito gordurosa.

CRIANÇAS: Aparentar por elas uma ternura lírica, quando há gente por perto.

CRISTIANISMO: Libertou os escravos.

CRÍTICO: Sempre eminente. – Ele tem a reputação de conhecer tudo, de saber tudo, de ter lido tudo e visto tudo. – Quando ele vos desagrada, chamá-lo de Aristarco[16] (ou eunuco).

CROCODILO: Imita o grito das crianças para atrair o homem.

CRUCIFIXO: Fica bem em uma alcova e na guilhotina.

CRUZADAS: Úteis apenas para o comércio de Veneza.

CUJAS: Inseparável de Bartolo[17]; não sabemos o que eles escreveram, mas não importa. – Dizer a todo estudante de direito: "Vós estais contido em Cujas e Bartolo".

DAGUERREOTIPO: Substituirá a pintura.

---

[16] Palavra para caracterizar um crítico exageradamente detalhista e severo.
[17] Referência a dois célebres juristas: o francês Jacques Cujas (1522-1590) e o italiano Bartolo de Saxoferrato (1313-1357).

DAMASCO: Único lugar onde se sabe fazer sabres. – Toda boa lâmina é de Damasco.

DANÇA: Agora não se dança mais, se marcha.

DARWIN: Aquele que diz que nós descendemos do macaco.

DECORO: Dá prestígio. Impressiona a imaginação das massas. "Isso é necessário! Isso é necessário!"

DEDO: O dedo de Deus se enfia em toda parte.

DEICÍDIO: Indignar-se contra, embora o crime não seja frequente.

DELATORES: Todos da polícia.

DEMÓSTENES: Não pronunciava discursos sem ter um seixo na boca.

DENTADURA: Terceira dentição. – Tomar cuidado para não engoli-la ao dormir.

DENTE CANINO SUPERIOR: Perigoso arrancá-lo

porque ele corresponde ao olho. – Arrancar um dente "não dá prazer".

DENTES: São gastos pela sidra, pelo tabaco, pelos confeitos, pelo sorvete, por dormir com a boca aberta e beber logo depois da sopa.

DEPUTADO: Ser um é o cúmulo da glória. – Criticar violentamente a câmara dos deputados. – Muitos tagarelas na câmara. – Não fazem nada.

DERBY: Termo de corridas. – Muito chique.

DERROTA: Se sofre – e é de tal modo completa que não resta ninguém para levar a notícia.

DESCARTES: "Cogito, ergo sum"[18].

DESEMBARAÇAR: Faz cair os cabelos.

DESENHO (A ARTE DO): Compõe-se de três coisas: a linha, o pontilhado e o pontilhado fino; além disso, o traço forte. Porém, o traço forte é dado apenas pelo

---

[18] "Penso, logo existo".

mestre. (Christophe).

DESERTO: Produz tâmaras.

DEUS: O próprio Voltaire disse: "Se Deus não existisse, seria preciso inventá-lo."

DEVASSIDÃO: Causa de todas as doenças dos celibatários.

DEVERES: Exigi-los da parte dos outros, e se livrar deles. – Os outros os têm para conosco, mas nós não os temos para com eles.

DEVOTAMENTO: Lamentar-se de que os outros careçam dele. – "Nós somos bem inferiores ao cão, nesse aspecto!"

DEZ (O CONSELHO DOS)[19]: Era formidável! Deliberavam mascarados. Tremer ainda com ele.

DIAMANTE: Terminaremos por fabricá-lo! – E dizer

---

[19] Conselho que, por quase 500 anos, cuidou de diversos aspectos da administração da República de Veneza.

que não passa de carvão! – Se nós encontrássemos em um seu estado natural, não o apanharíamos!

DICIONÁRIO: Dizer dele: "É feito apenas para os ignorantes".

DICIONÁRIO DE RIMAS: Servir-se dele? Vergonhoso!

DIDEROT: Sempre seguido de "d'Alembert".

DILETANTE: Homem rico que tem uma assinatura da Ópera.

DILIGÊNCIAS: Lamentar o tempo das diligências.

DINHEIRO: Causa de todo o mal. – Dizer: *Auri sacra fames*[20].

DIÓGENES: "Eu procuro um homem..." – "Saia da frente de meu sol"[21].

____

[20] "A sagrada fome do ouro".
[21] Segundo a lenda, Diógenes teria dito esta frase a Alexandre o Grande, quando o rei – visitando o tonel onde morava o filósofo – se dispôs a fazer por ele qualquer coisa ele lhe pedisse.

DIPLOMA: Signo de ciência. – Não prova nada.

DIPLOMACIA: Bela carreira (mas repleta de dificuldades e cheia de mistérios). Não convém senão aos nobres. Ofício de uma significação vaga, mas acima do
comum. Um diplomata é sempre refinado e perspicaz.

DIREITO (O): Não sabemos o que seja.

DIRETÓRIO[22] (O): As vergonhas do Diretório. "Na-
quele tempo, a honra tinha se refugiado nos exércitos."
As mulheres, em Paris, passeavam completamente nuas.

DISSECAÇÃO: Ultraje à majestade da morte.

DIVA: Todas as cantoras devem ser chamadas de Diva.

DIVÓRCIO: Se Napoleão não tivesse se divorciado,
ainda estaria no trono.

DJIN: Nome de uma dança oriental.

---

[22] Sistema de governo da França entre 26 de outubro de 1795 e 9
de novembro de 1799.

DOCEIRO: Todos os nativos de Rouen são doceiros.

DOCUMENTO: Sempre da mais alta importância.

DOENÇA NERVOSA: Sempre fingimento.

DOENTE: Para elevar o moral de um doente, rir do seu mal (e negar seus sofrimentos).

DOGE: Desposava o mar. Conhecemos apenas um: Marino Faliero[23].

DÓLMEN: Tem relação com os antigos franceses. – Pedra que servia para os sacrifícios dos druidas. – Não sabemos mais sobre eles. – Eles não existem senão na Bretanha.

DOMADORES DE BESTAS FEROZES: Utilizam algumas práticas obscenas.

DOMINÓ: Se joga muito melhor quando se está bêbado.

---

[23] Doge de Veneza entre 1354 e 1355.

DOMO: Torre de forma arquitetural. Como se mantém de pé? (espantar-se com o fato de que isso permaneça de pé sozinho). Citar dois: o dos Inválidos e o de São Pedro de Roma.

DONZELA: É empregada somente para Joana d'Arc, e junto com "de Orleans".

DOR: Tem sempre um resultado favorável. – A verdadeira é sempre contida.

DORMIR (DEMAIS): Engrossa o sangue.

DORMITÓRIOS: Sempre espaçosos e bem arejados. – Preferíveis aos quartos para a moralidade dos alunos.

DOUTOR: Sempre precedido de "bom" e, entre homens, na conversa familiar, de "merda": "Ah! merda de doutor!" Todos materialistas.

DOUTRINÁRIOS[24]: Desprezá-los. Porque? Não sabemos nada sobre eles.

---

[24] Partido político fundado nos tempos da Restauração.

DUELO: Censurar violentamente. – Não é uma prova de coragem. – Prestígio do homem que participou de um duelo.

DÚVIDA: Pior que a negação.

ECHARPE: Poética.

ECLETISMO: Criticar violentamente, como sendo uma filosofia imoral.

ECO: Citar os do Panteão e da ponte de Neuilly.

ECONOMIA: Sempre precedida de "Ordem", conduz à fortuna. – Citar a anedota de Laffitte recolhendo um alfinete no pátio do banqueiro Perrégaux[25].

ECONOMIA POLÍTICA: Ciência sem entranhas.

EGOÍSMO: Queixar-se do egoísmo dos outros e não se aperceber do seu.

---

[25] Jacques Laffitte (1767-1844), financista conhecido como "o rei dos banqueiros" e "o banqueiro dos reis".

ELEFANTES: Se distinguem por sua memória e adoram o sol.

EMBRIAGUEZ: Sempre precedida de "louca".

EMIGRADOS[26]: Ganhavam sua vida dando aulas de violão e fazendo salada.

EMIR: Só se usa ao falar de Abdel Kader[27].

ENCICLOPÉDIA[28]: Rir piedosamente dela como sendo uma obra rococó e mesmo criticá-la violentamente...

ENGENHEIRO: A primeira carreira para um jovem. – Conhece todas as ciências.

ENGRAXAMENTO: Só é bom quando nós mesmos fazemos.

---

[26] Provavelmente, Flaubert está se referindo às pessoas que abandonaram a França após a Revolução de 1789.
[27] Líder muçulmano que lutou contra a ocupação francesa da Argélia.
[28] Flaubert está falando da *Enciclopédia* organizada por Diderot e D'Alembert, no século XVIII.

ENJOO DE MAR: Para não senti-lo, basta pensar em outra coisa.

ENSARILHAR ARMAS: Na hora da forma, é o cúmulo da dificuldade na Guarda Nacional.

ENTERRO: Com relação ao defunto: "E dizer que eu estava jantando com ele há oito dias!"

ENTREATO: Sempre muito longo.

ENTUSIASMO: Só pode ser provocado pelo retorno das cinzas do imperador[29].

ENVERGADURA: Discutir sobre a pronúncia da palavra.

EPACTA, NÚMERO DE OURO, LETRA DOMINICAL[30]: Nos calendários, não se sabe mais o que é isso.

---

[29] Napoleão Bonaparte, cujas cinzas foram levadas para a França em 1840.
[30] Letra que identificava os domingos no calendário romano.

EPICURO: Desprezá-lo.

ÉPOCA (A NOSSA): Criticá-la violentamente. – Lamentar-se de que ela não seja poética. – Denominá-la época de "transição", de "decadência".

EQUITAÇÃO: Bom exercício para fazer emagrecer (ex: todos os soldados da cavalaria são magros). – Bom exercício para engordar (ex: todos os oficiais da cavalaria são barrigudos).

ERA DAS REVOLUÇÕES: Sempre aberta, já que cada novo governo promete fechá-la.

EREÇÃO: Só se diz falando de monumentos.

ERUDIÇÃO: Desprezá-la como sendo o sinal de um espírito estreito.

ERUDITOS: Zombar deles. – Para ser erudito, basta apenas boa memória e trabalho.

ESBIRRO: Empregado pelos republicanos ferozes para designar os agentes da polícia.

ESCOLAS: Politécnica, sonho de todas as mães (*antigo*). Terror do burguês nas revoltas quando ele fica sabendo que a Escola Politécnica simpatiza com os operários (*antigo*). Dizer simplesmente "a Escola" faz acreditar que se esteve nela. Em Saint-Cyr[31]: jovens nobres. Na Escola de medicina: todos exaltados. Na Escola de direito: jovens de boa família.

ESCRITA: Uma bela escrita conduz a tudo. – Indecifrável: sinal de conhecimento (ex: as receitas dos médicos).

ESCRITO, BEM ESCRITO: Termos de porteiros para designar os folhetins que os divertem.

ESCROQUE: É sempre da alta sociedade.

ESGOTAMENTO: Sempre prematuro.

ESGRIMA: Os mestres de esgrima conhecem golpes secretos.

ESMALTE: O seu segredo está perdido.

---

[31] A mais célebre escola militar francesa.

ESPADA: Lamentar o tempo em que se usava uma.

ESPARTILHO: Impede de ter filhos.

ESPIÃO: Sempre da alta sociedade.

ESPINHAS: No rosto ou em outras partes, sinal de saúde e de força do sangue. – Não acabar com elas de maneira alguma.

ESPIRITUALISMO: O melhor sistema de filosofia.

ESPIRRO: Depois que se diz "saúde!", começar uma discussão sobre a origem desse costume.

ESPLANADA: Só se vê nos Inválidos[32].

ESPORAS: Fazem bem a um par de botas.

ESTAÇÕES FERROVIÁRIAS: Extasiar-se diante delas e apresentá-las como modelos de arquitetura.

---

[32] Conjunto de prédios, em Paris, originalmente destinado a abrigar hospitais e asilos para os militares franceses.

ESTOICISMO: É impossível.

ESTÔMAGO: Todas as doenças provêm do estômago.

ESTRADAS DE FERRO: Se Napoleão as tivesse tido à sua disposição, ele teria sido invencível. – Extasiar-se com a sua invenção e dizer: "Eu que vos falo, cavalheiro, estava essa manhã em X...; parti pelo trem de X...; lá, eu tratei dos meus negócios, etc., e às X horas já estava de volta!"

ESTRANGEIRO: Admiração por tudo aquilo que vem do estrangeiro é prova de espírito liberal. – Difamação de tudo aquilo que não é francês é prova de patriotismo.

ESTRELA: Cada um tem a sua.

ESTUDANTES: Usam todos boinas vermelhas, calças apertadas, fumam cachimbo na rua e não estudam.

ETIMOLOGIA: Nada mais fácil de encontrar, com o latim e um pouco de reflexão.

ETRUSCO: Todos os vasos antigos são etruscos.

EUNUCO: Invectivar contra os castrados[33] da Capela Sistina.

EXASPERAÇÃO: Constantemente em seu auge.

EXCEÇÃO: Diga que ela confirma a regra, mas não se arrisque a explicar como.

EXCOMUNHÕES DO VATICANO: Rir delas.

EXECUÇÕES CAPITAIS: Queixar-se das mulheres que vão vê-las.

EXERCÍCIO: Preserva de todas as doenças: sempre aconselhar a fazê-lo.

EXPIRAR: Só se conjuga em relação às assinaturas de jornais.

EXPOSIÇÃO: Assunto de delírio no século XIX.

EXTIRPAR: Esse verbo não é empregado senão para as

---

[33] Indivíduos que eram castrados ainda na pré-adolescência, a fim de conservarem a voz infantil, muito apreciada na música sacra.

heresias e para os calos nos pés.

FÁBRICA: Vizinhança perigosa.

FAETONTE[34]: Inventor das carruagens com esse nome.

FAIANÇA: Mais chique que a porcelana.

FAISÃO: Muito chique em um jantar.

FALTA: "É pior que um crime, é uma falta" (Talleyrand[35]). "Não vos resta mais faltas para cometer" (Thiers[36]). Essas duas frases devem ser articuladas com profundidade.

FATURA: Sempre muito elevada.

FAZENDEIROS: São todos abastados.

FEBRE: Prova da força do sangue. — É causada pelas

---

[34] Na mitologia grega, o filho de Hélios (o Sol) e da ninfa Climena. Seu nome foi dado a uma carruagem descoberta de quatro rodas.
[35] Político e diplomata francês (1754-1838).
[36] Adolphe Thiers (1797-1877), político e historiador francês.

ameixas.

FECHADO: Sempre precedido de "hermeticamente".

FELIPE DE ORLEANS-EGALITE[37]: Protestar contra. – Também uma das causas da Revolução. – Cometeu todos os crimes dessa época nefasta.

FÊMEA: Só empregar essa palavra falando dos animais. – Contrariamente ao que existe na espécie humana, as fêmeas dos animais são menos belas que os machos.

FÊNIX: Bom nome para uma companhia de seguros contra incêndios.

FETO: Toda peça anatômica conservada em álcool.

FEUDALIDADE: Não ter nenhuma ideia precisa sobre ela, mas criticá-la violentamente.

FIDALGO: Isso não existe mais.

---

[37] Luís Felipe José, Conde de Orleans (1747-1793), aderiu à Revolução de 1789 e chegou a ser deputado pela Convenção, adotando o nome de Egalité [Igualdade]. Morreu guilhotinado.

FIDALGOS DO CAMPO: Ter por eles o mais sobera-
no desprezo.

FIEL: Inseparável do amigo e do cão.

FÍGARO (AS BODAS DE)[38]: Sempre uma das causas da
Revolução!

FILOSOFIA: Deve-se sempre zombar dela.

FLAMINGO: Pássaro assim chamado por que vem de
Flandres.

FOGO: Purifica tudo. – Quando se escuta gritar "fogo!", deve-se começar por perder a cabeça.

FOLHA DE PARREIRA: Emblema da virilidade na arte
da escultura.

FOLHETINS: Causa de desmoralização. – Discutir sobre o provável desenlace. – Escrever ao autor para for-
necer-lhe algumas ideias.

---

[38] Comédia satírica escrita por Pierre de Beaumarchais.

FORMIGAS: Belo exemplo a ser citado diante de um esbanjador. – Deram a ideia das caixas econômicas.

FORNARINA[39]: Era uma bela mulher. Inútil saber mais sobre ela.

FORTALEZA: Sempre sofreu um cerco, no reinado de Filipe Augusto[40].

FORTUNA: Quando vos falam de uma grande fortuna, não deixar de dizer: "Sim, mas será que está bem segura?"

FÓSSEIS: Prova do dilúvio. – Brincadeira de bom gosto, falando de um acadêmico.

FOTOGRAFIA: Destronará a pintura.

FRANCÊS: O povo mais importante do universo.

FRANCO-ATIRADORES: Mais terríveis que o inimigo.

---

[39] Quadro de Rafael.
[40] Rei da França entre 1180 e 1223.

FRANCO-MAÇONARIA: Sempre uma das causas da Revolução! – As provas de iniciação são terríveis: alguns morrem nelas. – Causa de briga entre os casais. – Malvista pelos eclesiásticos. – Qual pode ser o seu segredo?

FRAQUE: Na província, é a última palavra da cerimônia e da falta de elegância.

FRIEIRA: Sinal de saúde; provém de ter se esquentado quando se estava com frio.

FRIO: Mais sadio que o calor.

FRISAR, FRISAGEM: Não convém a um homem.

FRONTISPÍCIO: Os grandes homens estão bem acima.

FUGA[41]: Ignora-se em que ela consiste, mas é preciso afirmar que é difícil e muito aborrecida.

FULMINAR: Bonito verbo.

---

[41] Flaubert se refere ao gênero musical.

FUNCIONÁRIO: Inspira o respeito, seja qual for a função que ele exerça.

FUNDAMENTO: Todas as notícias carecem dele.

FUNDOS SECRETOS: Somas incalculáveis com as quais os ministros compram as consciências. — Indignar-se contra.

FUSÃO DOS RAMOS REAIS[42]: Esperá-la sempre.

FUZIL: Sempre ter um no campo.

FUZILAR: Mais nobre que guilhotinar. — Alegria do indivíduo a quem se concede esse favor.

FUZILARIA: Única maneira de fazer os parisienses se calarem.

GANHA-POUCO: Belo nome para uma loja, como para inspirar a confiança.

---

[42] Flaubert se refere à fusão entre a casa de Bourbon e a de Orleans.

GARANHÃO: Para as mocinhas, cavalo mais agitado que os outros.

GASTO: Tudo aquilo que é antigo é gasto, e tudo aquilo que é gasto é antigo. – Lembrar-se bem disso quando se comprar antiguidades.

GATO: Os gatos são traiçoeiros – Chamá-los de tigres de salão. – Cortar sua cauda para impedir a vertigem.

GENERAL: É sempre bravo. – Faz geralmente aquilo que não tem a ver com a sua condição, como ser embaixador, conselheiro municipal ou chefe de governo.

GÊNERO EPISTOLAR: Gênero de estilo exclusivamente reservado às mulheres.

GÊNIO (O): Inútil admirá-lo, é uma "neurose".

GENOVEVIANO[43]: Não sabemos o que isso seja.

GEÔMETRA: "Ninguém entra aqui se não for geôme-

---

[43] Membro da ordem religiosa de Santa Genoveva.

tra"[44].

GERAÇÃO ESPONTÂNEA: Ideia de socialista.

GIAUR[45]: Expressão feroz, com um significado desconhecido, mas sabe-se que tem relação com o Oriente.

GINÁSIO (O)[46]: Sucursal da Comédie-Française.

GINÁSTICA: Nunca é demais fazê-la. – Extenua as crianças.

GIRAFA: Palavra polida para não chamar uma mulher de camelo.

GIRONDINOS[47]: Devem ser mais lastimados que censurados.

GLEBA (A): Compadecer-se dela...

---

[44] Divisa da Academia de Platão.
[45] Termo pejorativo que os turcos utilizavam para denominar aqueles que não compartilhavam as suas crenças religiosas.
[46] Supomos que Flaubert esteja se referindo ao Théâtre du Gymnase, fundado em 1820.
[47] Membros de um partido criado na França em 1791.

GLÓRIA: Não passa de um pouco de fumaça.

GOBELINOS (TAPEÇARIA DOS): É uma obra inaudita e que exigiu cinquenta anos para ser terminada. – Exclamar diante dela: "É mais bela que a pintura!" – O operário não sabe o que faz.

GOD SAVE THE KING: Na obra de Béranger, pronuncia-se: "God savê te King" e rima com salvê.

GOG: Sempre seguido de Magog.

GOLFINHO: Carrega as crianças nas costas.

GOMA ELÁSTICA: É feita com o escroto do cavalo.

GORDO: As pessoas gordas não têm necessidade de aprender a nadar. – Causam desespero nos carrascos porque oferecem algumas dificuldades de execução (ex: a Du Barry).

GORJETAS: Indignar-se contra elas.

GÓTICO: Estilo de arquitetura mais relacionado com a religião do que os outros.

GOZO: Palavra obscena.

GRAMÁTICA: Ensiná-la às crianças desde a mais tenra idade como sendo uma coisa clara e fácil.

GRAMÁTICOS: Todos pedantes.

GRATIDÃO: Não tem necessidade de ser expressa.

GROGUE[48]: Não é como deve ser.

GRUPO: Conveniente em cima de uma lareira e na política.

GRUTAS COM ESTALACTITES: Houve dentro delas uma festa célebre, baile ou banquete, oferecido por um grande personagem. – Nelas veem-se "como tubos de órgão". – Nelas foi dita a missa durante a Revolução[49].

GUERRILHA: Faz mais mal ao inimigo que o exército regular.

---

[48] Mistura de bebida alcoólica, água quente, açúcar e sucos de frutas cítricas.
[49] Devido à proscrição da religião, nos primeiros tempos da Revolução francesa.

GUISADO: Só é bem feito no campo.

GUISADO DE COELHO: Sempre feito com gato.

GULF STREAM[50]: Cidade célebre da Noruega recentemente descoberta.

HÁLITO: Ter mau hálito confere uma aparência distinta.

HARAS (A QUESTÃO DOS)[51]: Belo tema de discussão parlamentar.

HARÉM: Comparar sempre um galo no meio das suas galinhas com um sultão em seu harém. – Sonho de todos os colegiais.

HARPA: Produz harmonias celestes. – Só é tocada, nas gravuras, em ruínas ou à beira de uma torrente. – Utiliza os braços e as mãos.

---

[50] Em inglês: "Corrente do golfo".
[51] Essa polêmica, iniciada em 1842, girava em torno da definição do papel dos haras do Estado e dos haras particulares na criação de cavalos.

HAXIXE: Não confundi-lo com o *maxixe*, que não provoca nenhum êxtase voluptuoso.

HEBREU: É hebreu tudo aquilo que a gente não compreende.

HEIDUQUE[52]: Confundir-se com Eunuco.

HÉLICE: Futuro da mecânica.

HEMICICLO: Conhecer apenas o das belas-artes.

HEMORROIDAS: Provém se sentar-se sobre os aquecedores e nos bancos de pedra.

HENRIQUE III e HENRIQUE IV: A propósito desses reis, não deixar de dizer: "Todos os Henriques foram infelizes"[53].

HERMAFRODITA: Excita a curiosidade malsã. – Procurar ver um.

---

[52] Nome dado a um corpo do exército francês que se vestia à moda húngara.
[53] Henrique III e Henrique IV morreram assassinados, o primeiro em 1589 e o segundo em 1610.

HÉRNIA: Todo mundo tem sem saber.

HIATO: Não tolerá-lo.

HIDRA DA ANARQUIA: Tratar de vencê-la.

HIDROTERAPIA: Tira todas as doenças e as proporciona.

HIERÓGLIFOS: Antiga língua dos egípcios, inventada pelos sacerdotes para esconder seus segredos criminosos. – E dizer que existem pessoas que os compreendem! – No fim das contas, será que pode ser uma piada?

HIGIENE: Deve sempre ser bem cuidada. – Ela preserva das doenças, quando não é a causa delas.

HIPÓCRATES: Devemos sempre citá-lo em latim, porque ele escrevia em grego.

HIPOTECA: Exigir "a reforma do regime hipotecário", muito chique.

HIPÓTESE: Muitas vezes perigosa, sempre ousada.

HISTERIA: Confundi-la com a ninfomania.

HOMERO: Nunca existiu. – Célebre por sua maneira de rir: um riso homérico.

HONRA: Quando se fala dela, fazer a citação: "A honra é como uma ilha escarpada e sem praias; não se pode mais voltar para ela depois que se saiu." – É preciso estar sempre muito preocupado com a sua, mas pouco com a dos outros.

HORIZONTES: Achar belos os da natureza e sombrios os da política.

HÓSPEDES DE RAPAZ: *Id est culex pubensis.*[54]

HOSPODAR[55]: Fica bem em uma frase, a propósito da "questão do Oriente".

------

[54] Flaubert se refere aos "chatos", parasitas transmitidos pela falta de asseio no contato sexual. O uso do latim para tratar dos aspectos mais crus da sexualidade ainda estava em pleno vigor, nos tempos de Flaubert, nos livros de medicina e de direito.
[55] Nome pelo qual eram conhecidos os antigos governantes da Valáquia e da Moldávia.

HOTÉIS: Só são bons na Suíça.

HUGO (VICTOR): Ele errou muito, verdadeiramente, em se ocupar de política.

HUMOR: Regozijar-se quando ele sai, e espantar-se de que o corpo humano possa conter tão grandes quantidades dele.

IDEAL: Completamente inútil.

IDEÓLOGO: Todos os jornalistas o são.

IDÓLATRAS: São canibais.

ILEGÍVEL: Uma receita médica deve sê-lo. – Toda a assinatura também.

ILOTAS[56]: Exemplo a dar a seu filho, mas não se sabe onde encontrá-los.

ILUSÕES: Aparentar ter muitas, e lastimar-se daquele que as perdeu.

---

[56] Nome dado aos escravos que serviam aos antigos espartanos.

IMAGENS: Existem sempre muitas na poesia.

IMAGINAÇÃO: Sempre viva. – Desconfiar dela. – Quando não se tem, denegri-la nos outros.

IMBECIS: Aqueles que não pensam como você.

IMBRÓGLIO: A base de todas as peças de teatro.

IMORALIDADE: Bem pronunciada, essa palavra eleva aquele que a emprega.

IMPERATRIZES: Todas belas.

IMPERIALISTAS: Todos pessoas honestas, pacíficas, polidas e distintas.

IMPERMEÁVEL (CAPA): Muito vantajosa como vestimenta. Assassina[57] porque impede a transpiração.

ÍMPIO: Protestar contra.

IMPORTAÇÃO: O cupim que rói o comércio.

----

[57] Em outras versões: perigosa, nociva.

IMPRENSA: Descoberta maravilhosa. – Fez mais mal do que bem.

IMPRESSO: Devemos crer em tudo aquilo que está impresso. – Ver seu nome impresso! Existem alguns que cometem crimes apenas para isso.

INATAS (IDEIAS): Zombar delas.

INAUGURAÇÃO: Motivo de alegria.

INCAPACIDADE: Sempre notória. – Quanto mais se é incapaz, mais se deve ser ambicioso.

INCÊNDIO: Um espetáculo de se ver.

INCÓGNITO: Traje dos príncipes quando estão viajando.

INDOLÊNCIA: Resultante dos países quentes.

INDÚSTRIA: (cf. *Comércio*)

INFANTICÍDIO: Só é cometido entre o povinho.

INFINITESIMAL: Não sabemos o que seja, mas tem relação com a homeopatia.

INGLESAS: Espantar-se de que elas tenham filhos bonitos.

INGLESES: Todos ricos.

INJÚRIA: Deve sempre ser lavada com sangue.

INOCÊNCIA: A impassibilidade a prova.

INOVAÇÃO: Sempre perigosa.

INQUISIÇÃO: Exagerou-se muito os seus crimes.

INSCRIÇÃO: Sempre cuneiforme.

INSPIRAÇÃO POÉTICA: Coisas que a provocam: a visão do mar, o amor, a mulher, etc.

INSTINTO: Supre a inteligência.

INSTITUTO (O)[58]: Os membros do Instituto são todos velhos e usam abajures de tafetá verde.

INSTRUÇÃO: Deixar crer que se recebeu muita. – O povo não tem necessidade dela para ganhar a vida.

INSTRUMENTO: Os instrumentos que serviram para cometer um crime são sempre contundentes, quando não são cortantes.

INTEGRIDADE: Pertence sobretudo à magistratura.

INTRIGA: Leva a tudo.

INTRODUÇÃO: Palavra obscena.

INUNDADOS: Sempre do Loire[59].

INVENTORES: Morrem todos no hospício. – Um outro tira proveito da sua descoberta – não é justo!

---

[58] Institut de France – Instituição (fundada em 1795) que agrupa as cinco grandes academias francesas, além de administrar diversas fundações.
[59] Grande rio que se situa totalmente em território francês.

INVERNO: Sempre excepcional (cf. *Verão*). – É mais salubre que as outras estações.

ITÁLIA: Deve ser vista imediatamente depois do casamento. – Dá muitas decepções; não é tão bela quanto se diz.

ITALIANOS: Todos músicos. – Todos traiçoeiros.

JANSENISMO[60]: Não sabemos o que seja, mas é muito chique falar disso.

JANTAR: Antigamente se jantava ao meio-dia, agora se janta em horas impossíveis. – O jantar de nossos pais era o nosso almoço, e o nosso almoço era o seu jantar. – Jantar tão tarde assim não se chama jantar, mas cear.

JAPÃO: Tudo lá é de porcelana.

JARDINS INGLESES: Mais naturais que os jardins à francesa.

---

[60] Doutrina protestante desenvolvida pelo teólogo holandês Cornelius Jansenius (1585-1638).

JARNAC (GOLPE DE)[61]: Indignar-se contra esse golpe, que, de resto, era muito leal.

JASPE: Todos os vasos dos museus são de jaspe.

JESUÍTAS: Têm uma mão em todas as revoluções. – Não se desconfia de quantos deles existem. – Não falar nunca da "batalha dos jesuítas".

JOCKEY: Deplorar a sua raça.

JOCKEY CLUBE: Os membros são todos rapazes folgazões e muito ricos. – Dizer simplesmente "o Jockey", muito chique, deixa crer que se faz parte dele.

JOGO: Indignar-se contra essa fatal paixão.

JORNAIS: Não poder viver sem eles, mas criticá-los violentamente.

JUJUBA: Não se sabe do que ela é feita.

---

[61] Golpe de esgrima utilizado por Guy de Jarnac em um célebre duelo, realizado em 1547.

JUMENTO: Animal branco da Idade Média cuja espécie desapareceu.

JÚRI: Esforçar-se para não fazer parte dele.

JUSTIÇA: Jamais preocupar-se com ela.

KNUT[62]: Palavra que envergonha os russos.

LA FAYETTE: General célebre pelo seu cavalo branco.

LABORATÓRIO: Deve-se ter um no campo.

LACONISMO: Língua que não se fala mais.

LACUSTRES (AS CIDADES): Negar sua existência, porque não se pode viver debaixo d'água.

LAGO: Ter uma mulher perto de si quando se passeia por ele.

LAGOSTA: Mulher do caranguejo.

---

[62] Chicote que era utilizado como instrumento de suplício na Rússia czarista.

LAGUNA: Cidade do Adriático.

LANÇA: Vale tanto quanto um fuzil, quando se sabe usá-la.

LANCETA: Ter sempre uma no seu bolso, mas ter medo de se servir dela.

LATIM: Língua natural do homem. – Estraga a escrita. – Só é útil para ler as inscrições das fontes públicas. – Desconfiar das citações em latim: elas escondem sempre alguma coisa licenciosa.

LAVANDA: Signo de riqueza em uma casa.

LAVRADORES: Que seria de nós sem eles?

LEÃO: É generoso. – Brinca sempre com uma bola.

LEBRE: Dorme com os olhos abertos.

LEGALIDADE: A legalidade nos mata. – Com ela, nenhum governo é possível.

LEITE: Dissolve as ostras. – Atrai as serpentes. – Clareia a pele; algumas mulheres, em Paris, tomam um banho de leite todas as manhãs.

LENÇO DE PESCOÇO: É de bom-tom assoar-se nele.

LETARGIA: Tem-se visto algumas que duraram anos.

LIBELO: Não se faz mais.

LIBERDADE: Ó, liberdade! quantos crimes se comete em teu nome! – Nós temos todas aquelas que são necessárias.

LIBERTINAGEM: Não é vista senão nas grandes cidades.

LIGA: Deve sempre ser levada acima dos joelhos quando se pertence à alta sociedade, e abaixo para as mulheres do povo. – Uma mulher jamais deve negligenciar esse detalhe do vestuário... existem tantos impertinentes nesse mundo.

LIGA (PARTIDÁRIOS DA)[63]: Precursores do liberalis-

____

[63] Partido criado na França, nas últimas décadas do século 16,

mo na França.

LILASES: Dão prazer porque anunciam o verão.

LINCE: Animal célebre por seu olho.

LÍNGUAS VIVAS: As desgraças da França provêm do fato de que não as conhecemos bastante.

LITERATURA: Ocupação dos ociosos.

LITTRÉ[64]: Gracejar quando se ouve o seu nome: "Aquele senhor que diz que nós descendemos dos macacos!"

LIVRO: Seja qual for, sempre muito grande.

LORDE: Inglês rico.

LORNHÃO: Insolente e distinto.

---

para defender os interesses da religião católica contra o protestantismo.
[64] Emile Littré (1801-1881) – Filósofo e dicionarista francês.

LOURAS: Mais ardentes que as morenas. (cf. *Morenas*)

LUA: Inspira a melancolia. – Será que é habitada?

LUVAS: Conferem um ar de distinção.

LUXO: É a perdição dos Estados.

LUZ: Sempre dizer: "Fiat lux!", quando se acende uma vela.

MACADAME: Suprimiu as revoluções: não existe mais meio de se fazer barricadas. – É, no entanto, muito incômodo.

MAESTRO: Palavra italiana que quer dizer "pianista"

MAGIA: Zombar dela.

MAGISTRATURA: Bela carreira para um jovem (cf. *Engenheiro*).

MAGNETISMO: Belo tema de conversação que serve para "ganhar mulheres".

MAIÔ: Muito excitante.

MAJOR: Não se encontra mais, a não ser nas mesas de hospedaria.

MALDIÇÃO: Sempre lançada por um pai.

MALTHUS: "O infame Malthus[65]".

MAMELUCOS: Antigo povo do Oriente.

MÃO: Ter uma boa mão é escrever bem.

MAQUIAGEM: Estraga a pele.

MAQUIAVEL: Não tê-lo lido, mas considerá-lo um celerado.

MAQUIAVELISMO: Palavra que deve ser pronunciada com um tremor.

---

[65] Na França do século XIX, as ideias do economista inglês Thomas Malthus (1766-1834) eram consideradas responsáveis pela redução do crescimento populacional, o que comprometeria – a longo prazo – o poderio militar do país.

MAR: Não tem fundo. – Imagem do infinito. – Gera grandes pensamentos.

MARFIM: Só é empregado para falar dos dentes.

MARSELHESES: Todos pessoas de espírito.

MÁRTIRES: Todos os primeiros cristãos foram.

MÁSCARA: Confere espírito.

MATEMÁTICAS: Ressecam o coração.

MATINAL: Ser assim é prova de moralidade. – Se a gente se deita às quatro horas da manhã e se levanta às oito, somos preguiçosos; porém, se a gente vai para cama às nove horas da noite para sair dela às cinco da manhã, somos ativos.

MÁXIMA: Nunca nova, mas sempre consoladora.

MAZARINADAS[66]: Ignorá-las. É inútil conhecer uma

____

[66] Sátiras escritas contra o cardeal Mazarino, italiano que foi primeiro-ministro da França entre 1642 e 1661.

sequer.

MECÂNICA: Parte inferior das matemáticas.

MEDALHA: Só se fazia dessas coisas na Antiguidade.

MEDICINA: Zombar dela quando se está bem de saúde.

MEDO: Dá asas.

MEIA-NOITE: Limite da felicidade e dos prazeres honestos; tudo aquilo que se faz depois disso é imoral.

MELANCOLIA: Sinal de distinção do coração e de elevação do espírito.

MELÃO: Belo assunto de conversa à mesa: Será um legume? Será uma fruta? – Os ingleses o comem na sobremesa, o que espanta.

MELODRAMAS: Menos imorais que os dramas.

MEMÓRIA: Queixar-se da sua, e até mesmo se gabar de não ter nenhuma. – Mas rugir se alguém lhe diz que você não tem juízo.

MENDICÂNCIA: Deveria ser proibida e nunca é.

MENSAGEM: Mais nobre que carta.

MERCÚRIO: Mata a doença e o doente.

MERIDIONAIS (OS): Todos poetas.

METAFÍSICA: Rir dela. – É uma prova de espírito superior.

METÁFORAS: Existem sempre muitas no estilo.

METALURGIA: Muito chique.

METAMORFOSE: Rir do tempo em que se acreditava nisso. – Ovídio[67] é o seu inventor.

MÉTODO: Não serve para nada.

---

[67] Publius Ovidius Naso (43 a.C.-18 d.C.) – Poeta latino, autor de *As metamorfoses*.

MEXILHÕES: Sempre indigestos.

MINISTRO: Ponto final da glória humana.

MINUTO: A gente não faz ideia de como um minuto demora.

MISSIONÁRIOS: São todos comidos ou crucificados.

MOBÍLIA: Todo temor pela sua.

MOÇAS: As moças jovens: evitar, para elas, toda espécie de livros. – Pronunciar essa palavra timidamente.

MOEDEIROS FALSOS: Trabalham sempre nos subterrâneos.

MOINHO: Fica bem em uma paisagem.

MOLEQUE: Sempre seguido por "de Paris". – Tem invariavelmente muito espírito.

MONARQUIA: A monarquia constitucional é a melhor das repúblicas.

MONSTROS: Não se vê mais.

MORENAS: São mais ardentes que as louras. (cf. *Louras*).

MOSAICOS: O segredo deles está perdido.

MOSQUITO: Mais perigoso que qualquer besta feroz.

MOSTARDA: Arruína o estômago.

MULTIDÃO: Tem sempre bons instintos.

MÚSCULOS: Os músculos dos homens fortes são sempre de aço.

MUSEU: De Versalhes: retraça os altos feitos da glória nacional. – Bela ideia do rei Luís Felipe. – Do Louvre: a ser evitado pelas moças. – Dupuytren[68]: muito útil de ser mostrado aos rapazes.

MÚSICA: Faz pensar em um monte de coisas. – Abranda os costumes (ex: *A Marselhesa*).

---

[68] Museu dedicado à anatomia patológica.

MÚSICO: A característica do verdadeiro músico é não compor nenhuma música, não tocar nenhum instrumento e desprezar os *virtuoses*.

NAÇÕES: Reunir aqui todos os povos.

NARINAS: Arrebitadas: sinal de lubricidade.

NATUREZA: "Como é bela a natureza!" Para dizer todas as vezes em que nos encontramos no campo.

NAVEGADOR: Sempre ousado.

NAVIO: Só são bem construídos em Bayonne.

NÉCTAR: Confundi-lo com a ambrosia.

NEGÓCIOS (OS): Eles vêm antes de tudo. – Uma mulher deve evitar falar dos seus. – São na vida aquilo que existe de mais importante. Tudo está neles.

NEGRAS: Mais quentes que as brancas (cf. *Morenas* e *Louras*).

NEGROS: Espantar-se de que a sua saliva seja branca e

de que eles falem francês.

NEOLOGISMO: A peste da língua francesa.

NERVOSO: Diz-se todas as vezes em que não se compreende nada de uma doença. Esta explicação satisfaz o ouvinte.

NÓ GÓRDIO: Tem relação com a Antiguidade.

NOBREZA: Desprezá-la e invejá-la.

NORMANDOS: Acreditar que eles falam errado e zombar deles por causa do barrete de algodão.

NOTÁRIOS: Agora, não confiar neles.

NUMISMÁTICA: Tem relação com as altas ciências e inspira um imenso respeito.

OÁSIS: Estalagem no deserto.

OBESIDADE: Sinal de riqueza e de ociosidade.

OBSCENIDADE: Todos os termos científicos derivados do grego ou do latim escondem uma obscenidade[69].

OBUS: Serve para fazer pêndulos e tinteiros.

OCTOGENÁRIO: Diz-se de todo velho.

ODALISCA: (cf. *Bailadeiras*).

ODEON[70]: Brincadeiras sobre a sua distância.

OFFENBACH[71]: Quando se escuta seu nome, é preciso fechar dois dedos da mão direita para se preservar do mau olhado. – Muito parisiense, cai bem.

ÔMEGA: Segunda letra do alfabeto grego, já que se diz sempre o alfa e o ômega.

ÔNIBUS: Nunca se encontra lugar neles. – Foram in-

---

[69] Como já foi mencionado, até o final do século XIX os autores eruditos costumavam fazer uso do latim para mencionar ou descrever fatos que consideravam escabrosos.
[70] Célebre teatro de Paris, fundado em 1797.
[71] Jacques Offenbach (1819-1880) – Compositor alemão radicado na França. Tornou-se célebre pelas suas operetas.

ventados por Luís XIV. – "Eu, cavalheiro, conheci os triciclos que tinham somente três rodas!"

ÓPERA (BASTIDORES DA): É o paraíso de Maomé na terra.

OPERÁRIO: Sempre honesto, quando não faz greves.

ORAÇÃO: Todo discurso de Bossuet.

ORÇAMENTO: Nunca em equilíbrio.

ORDEM (A): Quantos crimes são cometidos em teu nome!

ÓRGÃO: Eleva a alma para Deus.

ORIENTALISTA: Homem que viajou muito.

ORIGINAL: Rir de tudo aquilo que é original, odiá-lo, ridicularizá-lo e exterminá-lo, se for possível.

ORQUESTRA: Imagem da sociedade: cada um faz a sua parte e existe um chefe.

ORQUITE[72]: Doença de cavalheiro.

ORTOGRAFIA: Acreditar nela como nas matemáticas. – Não é necessária quando se tem estilo.

OSTRAS: Elas não são mais comidas! Estão muito caras!

OTÁRIO: Mais vale ser malandro que otário.

OTIMISTA: Equivalente de imbecil.

OVO: Ponto de partida para uma dissertação filosófica sobre a gênese dos seres.

PADRES: Deveriam ser castrados. Deitam com suas criadas e têm filhos que eles chamam de sobrinhos. Tanto faz, ainda assim existem alguns bons.

PADRINHO: É sempre o pai do afilhado.

PAGANINI[73]: Jamais afinava seu violino. – Célebre pelo

---

[72] Inflamação nos testículos.
[73] Niccolo Paganini (1782-1840) – Violinista e compositor italia-

comprimento de seus dedos.

PAISAGENS (DE PINTORES): Sempre pratos de espinafre.[74]

PALÁDIO: Fortaleza da Antiguidade.

PALHAÇO: Foi um desengonçado desde a infância.

PALMEIRA: Dá uma cor local.

PALMIRA: Uma rainha do Egito? Algumas ruínas? Não se sabe.

PÃO: Não se sabe todas as sujeiras que existem no pão.

PARADOXO: Diz-se sempre no bulevar dos Italianos, entre duas baforadas de cigarro.

PARENTES: Sempre desagradáveis. – Esconder aqueles

---

no.

[74] "Plats d'épinard": expressão francesa para designar uma paisagem mal pintada, onde quase só existe a cor verde.

que não são ricos.

PARIS: A grande prostituta. – Paraíso das mulheres, inferno dos cavalos.

PÁSSARO: Desejar ser como um, e dizer suspirando: "Asas! Asas!", assinala uma alma poética.

PASTA: Ter uma debaixo do braço confere uma aparência de ministro.

PATOS: Vêm todos de Rouen.

PEDANTISMO: Deve ser ridicularizado, a não ser quando se aplica a coisas levianas.

PEDERASTIA: Doença pela qual todos os homens são afetados em uma certa idade.

PENSAR: Penoso; as coisas que nos forçam a isso são geralmente abandonadas.

PERIFERIAS: Terríveis nas revoluções.

PERNADA (DIREITO DE)[75]: Não acreditar nisso.

PERU: País onde tudo é de ouro.

PESADELO: Provém do estômago.

PIANO: Indispensável em um salão.

PIEDADE: Sempre se proteger dela.

PINTURA EM VIDRO: O seu segredo se perdeu.

PIRÂMIDE: Obra inútil.

PITADA DE RAPÉ: Convém ao homem de gabinete.

PLANTA: Cura sempre as partes do corpo humano com as quais se parece.

POBRES: Ocupar-se deles substitui todas as outras vir-tudes.

---

[75] Costume feudal que garantia ao senhor o direito de passar a noite de núpcias com as esposas de seus vassalos.

POESIA (A): É totalmente inútil: passada de moda.

POETA: Sinônimo nobre de pateta, de sonhador.

POLÍCIA: Está sempre errada.

POLICIAIS: Muralha da sociedade.

PONCHE: Convém a um serão de rapazes. – Fonte de delírio. – Apagar as luzes quando acendê-lo. – E isso produz chamas fantásticas!

PONSARD[76]: Único poeta que teve bom senso.

POPÍLIO[77]: Inventor de uma espécie de círculo.

PORCO: Como o interior do seu corpo é "totalmente

---

[76] François Ponsard (1814-1867) – Poeta e dramaturgo francês que deu origem a um efêmero movimento literário que tentava a conciliação entre os clássicos e os românticos (chamado de "escola do bom senso").

[77] Caio Popílio, político romano do século II a.C. Segundo Tito Lívio, ele foi enviado como embaixador junto a Antíoco, rei da Síria, a fim de acabar com sua guerra contra o Egito. Vendo que o rei hesitava, Popílio apanhou um bastão e desenhou uma linha em torno dele, intimando-o a só sair deste círculo depois de responder às solicitações do senado romano.

igual ao de um homem", deveriam se servir dele nos hospitais para aprender anatomia.

PORRETE: Mais temível que a espada.

PRADON[78]: Não perdoá-lo por ter sido adversário de Racine.

PRÁTICA: Superior à teoria.

PREFEITO DE ALDEIA: Sempre ridículo.

PRESENTE: Não é o valor que faz o seu preço, ou então não é o preço que faz o seu valor. – O presente não é nada, é a intenção que conta.

PRESIDIÁRIOS: Têm sempre uma cara patibular. – Todos são muito habilidosos com suas mãos. – Na prisão, existem homens de gênio.

PRESUNTO: Sempre de Mogúncia. – Desconfiar dele por causa das triquinas.

____

[78] Nicolas Pradon (1632-1698) – Poeta e dramaturgo francês.

PRETENSIOSA: Termo de desprezo para designar toda mulher que se interessa pelas coisas intelectuais. – Citar Molière como apoio: "Quando a capacidade de seu espírito se eleva..."[79], etc.

PRIAPISMO: Culto da Antiguidade.

PRINCÍPIOS: Sempre indiscutíveis; não é possível dizer nem a sua natureza e nem o seu número; não importa, são sagrados.

PROFESSOR: Sempre sábio.

PROFESSORAS PRIMÁRIAS: São sempre de uma excelente família que passou por algumas desgraças. – Perigosas nas casas: corrompem os maridos.

PROGRESSO: Sempre mal entendido e muito apressado.

PROPRIEDADE: Uma das bases da sociedade. – Mais sagrada que a religião.

---

[79] Verso da comédia *Les femmes savantes*.

PROPRIETÁRIO: Os humanos se dividem em duas classes: os proprietários e os locatários.

PROSA: Mais fácil de fazer que os versos.

PROVIDÊNCIA: O que seria de nós sem ela?

PUBLICIDADE: Fonte de fortuna.

PUDOR: O mais belo ornamento da mulher.

PURGANTE: Se toma escondido.

PÚRPURA: Palavra mais nobre que *vermelho*. – Citar a anedota do cão que descobriu a púrpura ao morder uma concha.

QUADRATURA DO CÍRCULO: Não se sabe o que é, mas é preciso erguer os ombros quando se fala disso.

QUARESMA: No fundo, não passa de uma medida higiênica.

QUARTO DE DORMIR: Em um velho castelo: Henrique IV sempre passou uma noite nele.

QUEIJO: Citar o aforismo de Brillat-Savarin[80]: "Um jantar sem queijo e como uma beldade a quem faltasse um olho".

QUESTÃO: Formulá-la é resolvê-la.

QUIMERA: As ideias elevadas que a gente não compreende.

QUIOSQUE: Lugar de delícias em um jardim.

RÃ: A mulher do sapo.

RACINE: Libertino!

RADICALISMO: Ainda mais perigoso quando está latente.

RAPAZ: Sempre folgazão. – Ele deve ser assim. – Espantar-se quando não é.

RECINTO: Fazê-lo entrar nos discursos oficiais: "Cava-

---

[80] Jean Anthelme Brillat-Savarin (1755-1826), um dos mais célebres gastrônomos franceses.

lheiros, neste recinto..." – Fica bem em um discurso.

REDE DE DORMIR: Própria dos coloniais. – Indispensável em um jardim. – Persuadir-se de que se está melhor nela do que em uma cama.

RELIGIÃO (A): Faz parte das bases da sociedade. – É necessária para o povo; no entanto, não é preciso exagerar. – "A religião de nossos pais", deve-se dizer com unção.

RELÓGIO: Só é bom quando vem de Genebra. – Nas farsas, quando um personagem tira o seu do bolso, deve ser uma cebola: essa brincadeira é infalível.

REPUBLICANOS: Nem todos os republicanos são ladrões, mas todos os ladrões são republicanos.

RESTAURANTE: Devemos sempre pedir nele os pratos que não comemos habitualmente em nossa casa. – Quando estamos indecisos, basta escolher os pratos que estão sendo servidos aos vizinhos.

RETRATO: O difícil é reproduzir o sorriso.

RIMA: Nunca está de acordo com a razão.

RIQUEZA: Toma o lugar de tudo, mesmo da consideração.

ROMANCES: Pervertem as massas. – São menos imorais em folhetins do que em volumes. – Só os romances históricos podem ser tolerados porque eles ensinam a história. – Existem romances escritos com a ponta de um escalpelo, e outros que se assentam na ponta de uma agulha.

RONSARD: Ridículo com as suas sentenças gregas e latinas.

ROSTO: Espelho da alma. – Então, existem pessoas que têm a alma bem feia.

ROUPA DE BAIXO: Nunca se mostra o bastante.

ROUSSEAU: Acreditar que Jean-Jacques Rousseau e Jean-Baptiste Rousseau são irmãos, como eram os dois

Corneille[81].

RUBRICA: Quanto mais complicada, mais bela.

RUÍNAS: Fazem sonhar e conferem poesia à uma paisagem.

RUIVAS: (cf. Louras, Morenas, Brancas e Negras)

SABRE: Os franceses querem ser governados por um
sabre.

SACERDÓCIO: A arte, a medicina, etc., são sacerdó-
cios.

SACRILÉGIO: É um sacrilégio derrubar uma árvore.

SÁFICO e ADÔNICO (VERSO): Produz um excelente
efeito em um artigo de literatura.

SAINTE-BEUVE[82]: Na Sexta-feira Santa, jantava exclusi-

---

[81] Pierre e Thomas, ambos dramaturgos.
[82] Charles Augustin Sainte-Beuve (1804-1869) – Escritor e crítico
francês.

vamente salsichas.

SALÃO (FREQUENTAR O): Início literário que posiciona muito bem o seu homem.

SALEIRO: Derrubá-lo traz má sorte.

SALSICHEIRO: Anedota dos patês feitos com carne humana. – Todas as mulheres dos salsicheiros são bonitas.

SANGRAR: Fazer-se sangrar na primavera.

SANTA HELENA[83]: Ilha conhecida por seu rochedo.

SÃO BARTOLOMEU[84]: Velha anedota.

SAPO: O marido da rã. – Possui um veneno muito perigoso. – Mora no interior das pedras.

SÁTRAPA: Homem rico e devasso.

---

[83] Ilha onde Napoleão Bonaparte foi exilado e faleceu.
[84] Referência ao massacre dos protestantes franceses realizado pelos católicos, que teve início em 24 de agosto de 1572, dia de São Bartolomeu.

SATURNAIS: Festas do Diretório.

SAÚDE: Muita saúde causa doenças.

SCUDÉRY[85]: Deve-se zombar dela, sem saber se era um homem ou uma mulher.

SEIXOS: É preciso trazê-los do mar.

SÊNECA: Escrevia sobre uma escrivaninha de ouro.

SEPULTAMENTO: Muitas vezes precipitado: contar algumas histórias de cadáveres que comeram o próprio braço para matar a sua fome.

SERPENTE: Todas são venenosas.

SERVIÇO: É prestar um serviço às crianças dar-lhes uns cascudos; é prestar um serviço aos animais dar-lhes pancadas; é prestar um serviço aos criados despedi-los; é prestar um serviço aos malfeitores puni-los.

SEVILHA: Célebre pelo seu barbeiro.

---

[85] Madeleine de Scudéry (1607-1701) – Escritora francesa.

SIBARITAS: Protestar contra.

SIDRA: Estraga os dentes.

SÍFILIS: Em maior ou menor grau, todo mundo é afetado por ela.

SÍTIO: Lugar para fazer versos.

SOBREMESA: Lamentar que nela não se cante mais. – As pessoas virtuosas a desprezam: "Não! Não! Nada de doces! Sobremesa nunca!"

SOCIEDADE: Seus inimigos. – O que causa sua perda.

SOLUÇO: Para curá-lo, uma chave nas costas ou um susto.

SONÂMBULO: Passeia à noite pelo cume dos telhados.

SONO: Engrossa o sangue.

SORVETEIROS: Todos napolitanos.

SORVETES: É perigoso tomá-los.

SÓTÃO: Aos vinte anos, nos sentimos bem morando nele!

STUART (MARIA)[86]: Apiedar-se da sua sorte.

SUFRÁGIO UNIVERSAL: Ponto culminante da ciência política.

SUICÍDIO: Prova de covardia.

SUL (COZINHA DO): Sempre com alho. – Protestar contra.

SUSPIRO: Deve ser exalado perto de uma mulher.

TABACO: Causa de todas as doenças do cérebro e da medula espinhal.

TABELIÃO: Mais lisonjeiro que notário.

TALLEYRAND (O PRÍNCIPE DE): Protestar contra.

---

[86] Rainha da Escócia. Aprisionada por sua prima, a rainha Elizabeth I da Inglaterra, ela ficou encarcerada por quase 20 anos, até ser condenada e executada em 1587.

TAMANCOS: Um homem rico que teve um começo difícil sempre veio para Paris de tamancos.

TAXA ADUANEIRA: Devemos fraudá-la.

TEMPO: Eterno assunto de conversa. – Causa universal das doenças. – Sempre se queixar dele.

TERRA: Dizer "os quatro cantos da terra", já que ela é redonda.

TESTA: Larga e calva, sinal de gênio.

TESTEMUNHA: É preciso sempre se recusar a ser testemunha em juízo; não se sabe aonde isso pode levar.

TINTEIRO: Dá-se de presente a um médico.

TOGA: Inspira o respeito.

TOLERÂNCIA (UMA CASA DE): Não é aquela na qual se tem opiniões tolerantes.

TORRE: Indispensável ter uma em seu celeiro, no campo, nos dias de chuva.

TORREÃO: Desperta ideias lúgubres.

TOUCADOR DAS DAMAS: Perturba a imaginação.

TOUPEIRA: Cego como uma toupeira. – E, no entanto, ela tem olhos.

TOURO: O pai do bezerro. – O boi é apenas o tio.

TRADUZIR (PARA UMA LÍNGUA QUE NÃO É A SUA): No colégio, prova a aplicação; assim como fazer uma versão prova a inteligência. – Porém, no mundo, é preciso rir dos que são bons nisso.

TRANSPIRAÇÃO DOS PÉS: Sinal de saúde.

TRAVESSEIRO: Nunca fazer uso dele; faz ficar corcunda.

TREZE: Evitar ter treze à mesa; isso dá má sorte. – Os espíritos fortes nunca deverão deixar de gracejar: "O que é que tem? Eu comerei por dois". – Ou então, se houver senhoras, perguntar se alguma delas não está grávida.

TRIPA: Serve apenas para fazer bolas.

TROMPA DE CAÇA: Nos bosques causa um bom efeito (e à noite, à beira d'água).

UKASE[87]: Chamar de *ukase* todo decreto autoritário. Isso envergonha o governo.

UMIDADE: Causa de todas as doenças.

UNIVERSIDADE: "Alma mater".

URSO: Chama-se geralmente Martin. – Citar a anedota do inválido que, vendo um relógio caído em seu fosso, desceu nela e foi devorado.

VACINA: Não frequentar senão pessoas vacinadas.

VALSA: Dança lasciva e impura que só deveria ser dançada pelas velhas.

VELUDO: Nas roupas, distinção e riqueza.

---

[87] Na antiga Rússia, nome dado aos decretos promulgados pelo czar.

VENDA: Vender e comprar, finalidade da vida.

VENTRE: Dizer *abdômen*, quando existem senhoras por perto.

VERÃO: Sempre excepcional.

VESTIDO DAS DAMAS: Perturba a imaginação.

VIAGEM: Deve ser feita rapidamente.

VIAJANTE: Sempre intrépido.

VIGÍLIA: As do campo são morais.

VINHOS: Tema de conversa entre homens. – O melhor é o bordeaux, já que os médicos o receitam. – Quanto mais ele é ruim, mais é natural.

VIZINHOS: Tratar de fazer com que eles lhe prestem alguns serviços sem que isso lhe custe nada.

VIZIR: Treme ao ver um cordão.

VOLTAIRE: Célebre por seu "ricto" assustador. – Ciência superficial.

WAGNER: Escarnecer quando se escuta o seu nome, e fazer pilhérias sobre a música do futuro.

XADREZ (JOGO DE): Imagem da tática militar. – Todos os grandes capitães eram bons nele. – Muito sério para um jogo, muito fútil para uma ciência.

YVETOT[88]: Ver Yvetot e morrer.

---

[88] Pequena cidade da região da Normandia.